안재덕 시집
공짜 밥

안재덕 시집

공짜 밥

초판인쇄 2024년 12월 20일
초판발행 2025년 1월 3일

지은이_ 안재덕
발행인_ 이현자
발행처_ 도서출판 현자

등　록_ 제 2-1884호 (1994.12.26)
주　소_ 서울시 중구 수표로 50-1(을지로3가, 4층)
전　화_ (02) 2278-4239
팩　스_ (02) 2278-4286
E-mail_001hyunja@hanmail.net

값 11,000원

2025 ⓒ 안재덕 Printed in KOREA

무단으로 내용의 일부를 인용하거나 복사, 발췌를 금합니다.

ISBN 978-89-94820-01-9　03810

안재덕 시집

공짜 밥

시인의 말

밥상머리에서 아버지는 다랭이 논 붙이려면 물꼬 관리를 잘해야 한다고 하셨다. 객지 생활하면서 처신 잘하고 모래밭에 혀를 빼고 죽어도 신의를 저버리면 안 되는 법이여 그러셨습니다.

기다린다. 믿는다. 기대한다. 반갑다. 건강해라 응원하고, 잘했다. 고맙다. 예쁘다. 아름답다. 좋아한다. 사랑한다는 말만 하고 싶었는데 그게 잘 안되었다. 詩를 낚으며 잘할 수 있었는데 하는 회한이 듭니다.

2025년 새해

차례

시인의 말 …5

1부_ 목수와 먹통

지우개 …12
어머니 …14
달무리 …15
추억은 늙지 않는다 …16
둥지 …18
집착 …20
진심 …22
공짜 밥 …24
사진 …26
고스톱 …28
아버지의 가을 …29
시루떡 …30
귀향길 풍경 …32
문패 …34
불안한 약속 …36
정년 10년 차 …38
오해 …39
건망증 …40
대들보 …41
목수와 먹통 …42

2부_ 도장작업

도장작업 ···44
젊은 노동자 ···45
철거 ···46
작업복 ···47
청소부 ···48
좌판 풍경 ···50
짐 1 ···52
짐 2 ···53
짐 3 ···54
주인 잃은 안경 ···56
미끼 ···57
자존심 ···58
소멸의 시간 ···59
자식 농사 ···60
행복의 무게 ···62
어쭈구리 ···64
사랑해야 할 이유 ···66
세상만사 ···67
혼돈의 시대 ···68
지팡이 ···70

차례

3부_ 풍랑

부지깽이 1 ···72
부지깽이 2 ···73
초라한 점심 ···74
장승포 할매 ···76
여러 갈래 길 ···77
풍랑 ···78
여유 ···79
홍도에서 마음을 비우다 ···80
망치질 ···82
됫박 ···83
소나무 ···84
너 ···85
새봄을 맞다 ···86
봄이 오는 길목 ···88
느티나무 ···89
마침표 ···90
사는 건 빈 거미줄 ···92
숨바꼭질 ···93
고추 모종 ···94
전기장판 ···96

4부_ 당도한 길

쳇바퀴를 돌리다 …98
개똥 모자 …100
공원 벤치 …101
당도한 길 …102
광대놀이 …104
나사못 …105
요양원 …106
허물 …108
그림자 …109
길고양이 …110
기다림 …111
문 …112
라면 …113
선풍기 …114
낙엽 …115
겨울날의 일기 …116
종말 …117
싱겁지도 짜지도 않은 삶 …118
투표로 말한다 …120
착시 현상 …122

해설_ 회상적回想的 공간의 삶과 의식의 흐름 / **김경수**(시인·문학평론가) …124

1부
목수와 먹통

지우개
어머니
달무리
추억은 늙지 않는다
둥지
집착
진심
공짜 밥
사진
고스톱
아버지의 가을
시루떡
귀향길 풍경
문패
불안한 약속
정년 10년 차
오해
건망증
대들보
목수와 먹통

지우개

우리 엄마
동트면 일곱 식구 밤새 받은 오줌 물동이 이고 남새밭 나가 눈 맞추며 거름을 뿌리던 아침을 기억하고 있다

우리 엄마
첫닭 울면 눈 비비고 일어나 손 빗질하고 부엌 들어가 콩대 불 피워 가마솥에 일곱 식구 입 지키던 아침을 찾고 싶어 한다

우리 엄마
아침 먹은 그릇 대충 고무대야에 담가놓고 부리나케 밭에 나가 서너 고랑 꿰차고 아이 젖 불은 줄도 모르고 놉 훑이자 '짜증을 내어서 무엇 하나 한숨을 쉬어서 무엇 하나' 육자배기 처방전으로 속병 다스리던 사람들에게 미안하단다

우리 엄마
윗목 수숫대 엮어 통을 만들고 고구마 가득 채워 겨우내 새끼들이 깎아 먹고 화로에 구워 먹고 점심으로 무김치 걸쳐 먹던 입만 봐도 참 행복했다며 한 시절을 꺼내보고 있다

우리 엄마
매화꽃 피면 동네 아낙들 방죽 둑에 모여 비빔국수, 물국수 말아 걸쭉한 농주 한 잔 걸치고 노들강변, 아리랑, 노세 노세 젊어서 노세 장구 장단에 목 터져라 봄 알리던 무명치마를 찾고 있다

엄마!
아부지 보고 싶지 않아?
영감탱이는 뭐 하는지 몰라 생전 꿈에 한번 나타나질 않아
아마, 그곳에서 많은 여자들 데리고 놀다 보니 잊고 있나 봐
몰라
말은 그렇게 해도 질투만은 내려놓지 않고 있다

어머니

늘
당신은 산이고
자식들은 숲입니다

마당에 불 피워 놓고
식구들 열댓 명 모여
김장할 때도

김치 쓱쓱 버무려
수육 둘둘 말아
서로 입에 넣어 줄 때도

늘
조용히 지켜보시는 당신은

아직도
바다로 살고 흙으로 살고 있습니다

달무리

별빛이 찾아와
먼지 낀 눈썹달을 닦는다

며칠 후
창문을 넘어오는 환한 달빛
만삭이다
동그라미를 그리며
환하게 웃고 있다

그 웃음도 잠깐
더 머물다 가라고 붙잡아도

어느새 사라진
달무리

달이 점점 야위어간다

추억은 늙지 않는다

선반에 올려둔 검정 물들인 광목팬티와
메리야스 운동복을 입고 싶어
안달이었지

만국기 펄럭이는 첫 운동회
찰밥 인절미와 찐 달걀 한 줄
밤도 삶고 옥수수 고구마 찌고
온 식구 구경 온 운동회

달리기 시합할 때
꼴찌로 들어와 상품을 받지 못했지
부끄러운 마음에
어머니 치맛자락 잡고 울면
괜찮다며 토닥토닥해주었지

본부석 천막 아래
응원을 하던 아버지
태연한 척 웃던 그 모습
지금도 가슴 한 구석에서
〉

스멀스멀 새어나온다

모처럼 다시 찾아간 운동장
어린 플라타너스는 키가 우뚝 치솟았고
운동장 앞을 흐르던 넓은 강은
개울처럼 줄어들었다

둥지

모퉁이 돌 주워 주춧돌 깔고
소나무 껍질 벗겨 기둥 세우고
서까래 올리던 그때
싸리나무를 칡넝쿨로 엮고
지지대 촘촘히 붙이고
잘게 썬 짚 황토 반죽하여 안쪽 벽 바깥벽 맞벽 치며
마련한 초가집 한 채
지지배배 강남 갔던 제비를 부르던 콧노래
아이들이 희망이었다

손바닥에 상추 두 잎 펴 놓고
보리밥 한 숟가락 퍼 올린 다음
조선 된장 올려 볼 터져라 틀어넣던 새끼들
항아리 속 고추장 된장 간장이 키워냈다

여름이 중턱에 다다르면
매미 울어대는 마당에 멍석 깔아 놓고
모깃불에 매운 눈 비벼가며
옥수수 하모니카 불던 새끼들 모습 아련하다
〉

다들 떠난 빈 둥지에서
이제나저제나 싸리문에 들이닥치면
파김치 담아 차 트렁크에 넣어 보내려고
쪽파 키우는 굼벵이 노모
외롭지만 외롭지 않다

집착

너무 호들갑 떨지 말라
지나가고 보면 아무것도 아니다

너무 그렇게 묶어두려고 하지 말고
지나가면 지나가는 대로
흘러가면 흘러가는 대로

너무 그렇게 반색하지 말고
있으면 있는 대로
없으면 없는 대로

그러지 말라
가랑잎이 솔잎 보고
바스락거린다며 나무라 듯

바람은
아무리 급해도 산허리 휘감고 가지

강물은
둑을 그냥 넘어서는 법 없이

굽이굽이 돌아서 가지

제 길
척척 알아서 가는 세월만이 거짓이 없지

진심

사춘기 시절에
거울을 끼고 살았지만
요즘 될 수 있으면 멀리하고 싶다

좀 속아주면 좋으련만
누가, 정직하라 했나
한 치의 오차도 용납하지 않는다

염색한 지 얼마 됐다고
머리 밑바닥은 서릿발처럼
백발이 치솟는다

수세미 손등을 만지다 말고
고양이 눈썹을 만져본다

샤워하려 들어서다 말고
거울을 바라보니
새 다리가 바삭거리는 몸뚱이를 겨우 받치고 있다

그러게, 항우장사인들

별수 있었을까

아랫집 숙이
어디서 뭘 하며 지내고 있을까

공짜 밥

제대하고 복직하면서
판자촌에서 자취를 시작했다

별 보고 출근하여 별 보고 퇴근하는 하루하루
아니다 싶어
대책 없이 사표를 냈다

때마침
유류파동으로 이란 사우디 중동에 갔던 근로자들 입국하고
취업문이 막막했다

그때,
판자촌 주인 할머니가 끼니를 챙겨 주셨다

할아버지는 공사판 막일로
그날그날 먹고 사는 처지인데
허구한 날 젊은 놈은 공짜 밥을 먹었다

돼지껍질 사다가 볶아주는 날이면
게 눈 감추듯 고봉밥 그릇을 비웠다

〉
괴나리봇짐 들고 거제도 송정마을에 발붙였던 그때도
혼자 살고 있는 할머니가 대가 없이 거두어 주었다

보리굴비 구워 숟가락에 올려주며 친손자처럼
아껴주던 할머니

그 빚을 갚아야 하는데
할머니는 파랑새가 되어 멀리 떠나셨다

사진

점심 모임에서
젊어 보인다는 말 듣고
기분이 좋았다

진짜인가 싶어
거울 들고 베란다 나가
억지웃음 보였지만

웬걸
듣기 좋은 말이란 걸
눈치채지 못했다

그 나이
얼굴에 그대로 남아있어
얼른 거울을 접었다

앞자리 중앙에
어깨 펴던 자신감 어디 보내고
사진 한 장 찍자면 화들짝 놀라 손사래친다
〉

옆으로 살짝 포즈 취하며
멀리서 찍으라고
카메라 앞에서 술래잡기한다

앞줄 가운데 자리
비켜주고 뒷자리
그것도 끝자리가 내 자리

주름진
내 목에
스카프 하나 선물해야겠다

고스톱

아버님!
똥 쌌어요
상상도 못 할 말을…

코앞에 피 아홉 개 놓고
무릎 덜덜 떨고 있을 때
아싸! 광 세 개 낚아챈다

피박, 광박, 쓰리고까지
허허 너털웃음 짓는 시아버지

할까?
말까?
기다릴까?
종잡을 수 없는 순간순간들

놓치는 데는 이력이 나있지만
꿈마저 버리면 안 된다고
다시 화투짝을 잡는다

아버지의 가을

해마다 가을은 오지만
올해처럼
쓸쓸한 가을을 본 적 없다

아들 자전거 배우던 날
아빠, 놓지 마!
놓으면 안 돼 알았지
다짐 받고 또 다짐 받았는데

안심시키던 말 어디 가고
불안이 밀려오고 있다

아무리 고쳐 잡아도
젖은 낙엽처럼 가라앉는 아비의 어깨

헐렁한 바지, 힘없는 발로 페달을 끌며
한 번도 가 보지 않은 길을 가고 있다

시루떡

작은 추석날
양다리 쩍 벌린 디딜방아를
꺼떡꺼떡 밟으면

잘 불린 쌀이
사방팔방으로 내뺀다

몽당 빗자루 들고
쓸어 담아가며 얼마나
씨름을 했을까

가루가 되어 나오자
또, 고운 체로 걸러낸다

시루에 쌀가루 한 켜
팥고물 한 켜
차례로 올리고
시룻번으로 빙 둘러 틈새를 메웠다

그런데도

김이 빠져 떡이 설었다고
울상 짓는 어머니

김이 새어 그런 걸 어쩌겠는가?
너털웃음 짓는 아버지

그렇게, 서로 사랑을 만지작거리며
속을 삭히다 가셨다

귀향길 풍경

어머니!
올 추석은 각자 집에서 지내라고 했어요

잘했다 잘했어
그렇잖아도 전화해서 아들 딸 며느리 오지 말라고 할 참이었다

말은 그리 해도 얼마나 허전하실까

70년대 귀향길
콩나물시루가 된 완행버스 사람을 짐짝 취급해도
산모퉁이 굽이굽이 비포장 길
흙먼지 부옇게 일어도
귀향은 즐거웠다

고향에 도착하면 어느새 날은 저물어
호야 등불 밝혀 들고 기다리다
형이다 형이야 펄쩍펄쩍 뛰던 동생들
어느 듯 이마에 계곡이 깊다

꼬리에 꼬리를 무는 귀향길

교통체증에 길은 마비가 되었는데
코로나가 그 긴 꼬리를 싹둑 자른다

노모 자글자글한 주름살은 명절 때 펴지는데
누가 그 주름살을 다려줄까

문패

대패로 다듬어 만든
소나무 문패

사랑채 서당 선생님께
이름 석 자 부탁했다

먹을 오래 갈더니 붓을 들어 쓴
추사체 안영렬安永烈

길 영永자가 아니고 꽃부리 영英자 라며
다시 들고 나가 흔적을 지워오자
진작 그렇게 이야기했어야지
멋쩍은 표정으로 붓을 들었다

그럼, 이번에는 예서체로 써볼까
그렇게 탄생한 명패 안영렬安英烈

흐뭇한 표정으로 대문 오른쪽 기둥에
대못으로 고정시켰다
〉

일제 강점기에 태어나
동족상잔이란 비극을 참전용사란 이름으로
위로 삼으며 어렵사리 마련한 문패

자부심 하나로 지키던 아버지의 문패
백년 갈 줄 알았는데 87세에 버리시고
못 자국 지운 지 10년이다

불안한 약속

걱정 한 짐 꾸려
풀어낼 궁리 들고 온 동생
한참 망설이다

형님, 요즘
세상이 화장 문화 추세니까
어머니 돌아가시면 화장해서
아버지와 국립묘지로 이장해요
선산은 누가 지킬 거며 벌초는 누가 할 거요

이끼 낀 천년의 매장문화가
어둠으로 닥쳐오는 순간이다

할아버지 흰 고무신 벗는 날
고모가 왜 그렇게 서럽게 우는지
그때는 몰랐다

검정고무신 벗어 놓고
꽃신 갈아 신기 며칠 전
〉

잔치도 거나하게 하고
선산 묘지도 잘 조성하겠다는 약속을 믿었던 아버지

그 말 철석같이 믿고 가셨는데
당대도 지키지 못할 약속 되겠네!

정년 10년 차

객짓밥 먹으려면
거짓말하지 말고
돌다리도 두들겨보고 건너야 혀

한 번 인연은 죽을 때까지 지켜야 하고

귀에 딱지 앉도록 들었던 말
이제 자식들에게 하고 있다

벚꽃이 한바탕 어지르고
송홧가루가 봄을 끌고 가기에
그러려니 했는데

알고 보니
세월이 나를 끌고 가고 있다

오해

미움은
도대체
어디서 오는 걸까

억하심정 가지고
말한 게 아닌데
꼬여도 엄청 꼬였다

달팽이 속처럼
밤새도록 뒤척뒤척
잠과 씨름을 하고 있다

보일러 연통 돌아가는 소리
뚝뚝
가슴 앓는 소리

두 눈을
감았다 뜬다

건망증

오늘 통로 모임 잊었어?
수화기를 건너오는 귀 익은 목소리
35년 동안 한 달에 한 번 모이는 옥명 아파트 17동
통로 모임을 까맣게 잊고 있었다

수성 펜으로 굵직하게 달력에 표시하고
메모 단단히 해 두었건만

뒤돌아서면 약속을 잊어버리고
언제 그랬냐는 듯 시치미를 뚝 잡아떼니

텃밭에서도 잡초 뽑다 정신머리하고 씨름을 한다
발밑에 호미를 놓고서 한참을 두리번두리번

돌아서면 어디다 놨는지
도무지 기억이 나지 않는다

외포항 떠났던 대구도 고향을 기억하고 돌아오는데
이놈의 정신머리
어디 세월을 묶어두는 처방이 없을까

대들보

기와집 짓는데 상량식 한다며
아름드리 소나무 도끼질 대패질하고
광목으로 묶어 올리는 꿈을 꾸었지

밤새 뒤척이다
어머니한테 꿈 이야기 전하니
태몽이다 태몽이야 하시며 기뻐했지

그 무렵 전화가 오고
며느리 임신 소식이 날아왔다

태몽이 좋다고
기쁨 감추지 못하던 식구들

어느덧 그 아이는 청소년이 됐다

어이, 대들보
세상의 기둥이 되어야 해
그게 우리 집 기도 제목이다

목수와 먹통

먹통은
먹줄이 있어도
먹물이 없으면 쓸모가 없다

어릴 때 아버지는
내가 엉뚱한 짓을 하면
아이고 이, 먹통아 그러셨다

요즘, 점점 먹통이 되어가고 있다

먹물 들은 게 없다며
중요한 자리도 사양하시던 아버지처럼

먹통 대신 먹물이 되어
부전자전이란 소리 듣고 싶다

2부
도장작업

|

도장작업
젊은 노동자
철거
작업복
청소부
좌판 풍경
짐 1
짐 2
짐 3
주인 잃은 안경
미끼
자존심
소멸의 시간
자식 농사
행복의 무게
어쭈구리
사랑해야 할 이유
세상만사
혼돈의 시대
지팡이

도장작업

라데팡스 아파트 외벽에 달라붙은 사내
가족을 어깨에 지고
외줄에 의지하여 페인트 총을 붙들고
물 뿌리듯 곡예를 부리고 있다

타향살이 몇 해던가
고향 떠난 30년에 청춘만 늙어간다
편곡 아닌 편곡을 돼지 멱따는 소리로 내지르며
삶의 고달픔을 토해내고 있다

사내의 손끝에서 태어나는 화려한 빛깔들
낡은 외벽은 새롭게 바뀌고 있는데
언제쯤 사내의 고달픈 운명은 채색이 될까

오만가지 페인트가 묻은 작업복이
사내가 걸어온 길을 알려주고 있다

허공을 딛고 살아온 길이 바람에 흔들린다

노을을 등에 지고
밧줄 하나가 붉게 물들고 있다

젊은 노동자

갈지자걸음 멈춰 서더니
신축 아파트 공사장 울타리
머리 처박고 누워
보도블록 침대 삼아
별을 덮고 오밤중인 사내

무슨 사연이 저렇게
고주망태를 만들었을까?

출근하면 반장 잔소리
어울리기만 하면 정치 이야기
머리가 지끈거린다

하루 벌어 하루 먹고살아도
뼈가 어그러져도
다만, 밥통 놓을 때까지
무탈한 게 꿈이라면 꿈인데

지금은
마누라
안중에도 없이 노숙 중이다

철거

들이닥친 포클레인 악어 입처럼
콘크리트 벽을 물고 좌우로 흔들자
거드름 피우며 폼 잡던 빌딩 모습
당당하던 기세가 한순간에 꺾였다

지하 목욕탕에서 들리는 비명소리
순식간에 아수라장이 된 냉탕에서
축 늘어진 네 살배기 아이를 아빠가 안고 나온다

웅성거리는 말은
배수구 뚜껑이 열려 물이 빠져나가고
압력에 몸 중심을 잃고
넘어져 허우적거리는 것을 주변은
까맣게 모르고 있었다

왜 뚜껑이 열렸는지
지금도 수수께끼다
이때부터 빌딩은 나쁜 소문에 휘말리며
몸살을 앓다 끝내 주저앉았지만

소문은 철거되지 않았다

작업복

동네 사람들 가슴마다
회사 로고를 달고 있다
밭갈이하는데 딱 좋다며
이 사람, 저 사람 나누어 준 작업복

아버지! 새 옷으로 바꿔 입으세요
십 년은 더 입어도 될 것 같다
해진 회사 솜바지 솜 잠바 입고
소여물 주러 나가신다

페인트 덕지덕지 눌어붙어있는 작업복

상거지 꼴 하고
점심 먹고 길바닥에 누워
꿀맛 같은 단잠을 자도
아무 곳에서나 질퍽하게 앉아 쉬어도
흉 안 되는 작업복

그 작업복이 세상을 바꾸고 있다

청소부

누런 소변기에 염산을 뿌리고
세제 풀어 청소하던 청소부 아줌마가 외쳤다

여러분!
할머니요 어머니요 누이라면 이렇게 할 수는 없습니다!

제대로 소변을 보라는 이야기이다
코를 쏘는 독한 염산 냄새에 미간이 찌푸려진다

능포동 조각공원에서 아침 운동하다
화장실에 들어서니 잔잔한 클래식 음악이 나오고
비데가 따뜻한 물로 정조준하여 씻어준다
두루마리 휴지가 쌍으로 벽에 붙어 기다리고 있었다

세면대에 비치된 비누
수도꼭지가 맑은 물을 선물한다
그야말로 세상 좋아졌다

그런데,
그 뒤에 숨어 나의 악취를 지우는 사람이 있었다

〉
변기 앞에 서면
왠지 죄지은 심정이다

이름도 모르는 그녀는 나의 누이뻘이다

좌판 풍경

약국 골목길을 차지한 대여섯 명 할머니
새벽부터 텃밭에서 거둬온 고구마 줄기 쪽파 열무 깻잎
보자기에 펼쳐 깔아놓았다

서열이 어떻게 정해졌는지
조금 더 젊고 얼굴 사납게 생긴 할머니
눈에 잘 띄고 양지바른 명당자리 꿰차고
장사에 서툰 초보 할머니 후미진 곳에서
오가는 사람만 멀거니 바라본다

음지에 등 굽은 할머니
늦은 점심 찬물에 말아 열무김치 몇 조각으로
대충 점심을 때우고 고구마 줄기 하나하나 껍질을 벗긴다
손톱 밑이 까맣다

새벽 일찍 텃밭에 나가 푸성귀 장만한 노인
알고 보면 알부자다
어느 날 뒤뜰 청소하다 아들이 발견한 칠천만 원
항아리 속에서 구겨진 돈이 겹겹이 쌓여 있었단다
〉

등 굽은 할머니
늦가을 다람쥐가 양쪽 볼 터져라 물어나른 도토리처럼
항아리에 알밤 묻는 재미에 고된 줄도 모른다

짐 1

짐 중에
마음의 짐만큼
무거운 짐 또 있을까

덜어내려고 하면 할수록
밀어내려 하면 할수록
파고드는 짐

혼자 있으면
집요하게 파고들어 오만가지 허상을
그리는 짐

밭고랑 만들고 거름 넣어 물 주고
물 오이, 참외 다섯 개, 고추 서른 포기
모종이 시름시름 앓고 있다

양파, 마늘 약 해야 돼
뿌리가 병들었어!
옆 밭 할매 훈수에 잠들지 못하는 밤

세상 잊으려 농부 되었더니
초보 농부 짐 아닌 게 없다

짐 2

유행 지나고 철 지난
양복, 와이셔츠, 넥타이
옷장 수납장에서 잠자고

밥그릇, 냄비, 접시, 잔, 수저,
싱크대에 깊숙이 숨어있네

항아리, 빈 화분들 천덕꾸러기
책장에 입주한 책
손길 고사하고
눈빛마저 외면당하고

안방 가도 짐,
작은방 가도 짐

세월만큼 꿰차고 있는 짐
한 번의 기회를 노리고 있다

짐 3

해변도로를 걷는데
길모퉁이에서 토해내는 울음소리에
발이 묶인다

불룩한 배
새끼 밴 고양이다

이리 와
그 소리가 그리웠을까
무서워하지도 않고 납작 엎드려
꼬리를 추켜세우고 있다

목 타게 기다리던 손길이었나
하지만, 이 일을 어쩌나
두 평 남짓한 비닐하우스
고무 대야 안에 담요 깔고
한 상 차려내니 안도하는 고양이

하지만
스님 시 한 편이 스쳐간다

〉
버려진 난이 불쌍해 화분 갈이 하고
물 주어 살려놓고 출타하려니
이 또한 짐이라 했다

세상에 짐 아닌 게 없다

주인 잃은 안경

빗줄기가 땅에 꽂히자
주인 잃은 안경이 밤새도록
초주검 상태로 누워있다

주인이 누구며
인연을 엮다 버림받은 사연 궁금해졌다
제법 값이 나가고
헐렁해 보이는 것도 아닌데

누가 기억을 놓쳤을까

바람이 빗줄기 내려치며 흔들자
세상은 몸살을 앓고 있지만
버림받은 안경 멀쩡하다

화단 가장자리에 올려놓는다
주인을 다시 만나길 기다리며

나 역시 그동안 놓친 게 너무 많았다

미끼

코다리가 줄에 매달렸다

얄팍한 속임수
맛있는 미끼에 속은 대가
식탐의 유혹을 뿌리치지 못한 대가로
죽어서도 아가미가 꿰였다

꾸덕꾸덕 잘 말랐다며
코다리 찜 만들겠다는 식당 아주머니

나는 한마디 한다

되지 못한 사람들 혓바닥
불나도록 맵게 만듭시다!

자존심

비닐 화학비료 농약 뿌려대며
땅을 괴롭히고

마늘종 쏙쏙 뽑는 건
마늘에 대한 예의가 아니다
송두리째 자존심 뽑는 일이다

죽을 때까지 아들딸한테
기저귀 보이지 않고
찢긴 마음 바느질하며 살아가는 부모의 마음

부모의 자식 농사도
자존심 싸움

한 알의 밀알이 땅에 떨어져 죽지 않으면
어찌 많은 열매를 맺을 수 있을까

가훈 지키는 자존심 세워
길 나선다

소멸의 시간

텃밭에 거름 내고 복합비료 뿌려가며
가지 오이 고추 무 배추 모종 심었더니
타들어가는 모종

물 부족인가 싶어 연신 물 주었더니
뿌리가 녹아 초보 농부 가슴 허탈하게 만들었던
시간들

지성이면 감천이라 했던가
오뉴월 뙤약볕 그늘 찾아 밥 한술 입에 넣고
풋고추 막장 찍어 입에 넣던 시간들

난생처음
손수 키운 채소
이 집 저 집 나누는 기쁨에
가슴 뿌듯하던 시간들이 가고

경자년 쥐는
밭 가장자리 옥수수 대처럼 비틀어져
마지막 사투 중이다

자식 농사

무남독녀
외동아들
비단옷에 싸서 기르던 아이는
명이 짧고

흙바닥에 키우던 가난한 집 아이는
명이 길었다

하늘이 마련한 목숨
빈부는 가리지 않았다

개똥아, 개똥아 불러
제 이름인 줄 알았는데

천한 이름을 써야
자식 명 길다고
본 이름은 숨겨두고 부르던 이름이다

그 개똥이
부를 때마다

얼마나 명이 길어졌을까

아이들 아홉 열
와글거리던 가난한 집
자식 농사만은 풍성했다

행복의 무게

사람 사이 돌고 돌면서
사람보다 높아진 돈

사람이 만들었어도
사람을 제멋대로 부리는 돈

인간에게
돈은 우상이고 신이다

더 많이 가지려고
수단과 방법을 가리지 않는 사람들

그러나
그 돈이 언젠간 심판을 한다

돈 때문에 목을 매달고 옥상에서 뛰어내리고
수갑을 차고 감옥으로 들어간다

정직한 사람에게는
행복을 주는 돈

〉
돈에는 눈이 있어 사람을 볼 줄 안다
돈이 많다고 행복하지는 않다

좋은 사람을 만난 돈은 언제나 행복하다

어쭈구리

어쭈구리
힘 좀 쓰는데

이 말이 참 듣기 좋았다
어쭈구리
이 말 때문 날개 달아보려
무척 용을 써 봤다

아빠! 힘들어
달랑 들어 올려 목말 태우니
뒤따르던 사람
어쭈구리! 힘 좀 쓰는데
그날 밥맛이 꿀맛이었다

나만 그런 줄 알았는데
산책 나간 아들도 그러고 있다
부전자전이다

요즘, 어쭈구리!
보이지 않는 날개 때문에

세상이 혼잡하다

죽었다 깨어나도
어쭈구리는 될 수 있어도
날개는 달 수 없다

사랑해야 할 이유

소리만 듣고도 누구인지
알아차리는 목소리에는
근간根幹이 있다

미국 처형 전화 목소리에
감쪽같이 속는 사람

어릴 때 몇 번 본 외삼촌
목소리를 빼닮은 큰아들

구조라 해수욕장에서
손녀딸 파도에 밀려가자
화들짝 놀라 바다에 뛰어드는 할머니

오리 보트 뒤집어지자
두 손녀딸 걱정하는 할아버지

이 광경 아랑곳하지 않고 파도타기 하며
자맥질하는 자매는 한 핏줄이다

세상만사

겨울 산을 오르다가
쉼터는 공동묘지

봉분 사이에 앉아 먹는 초콜릿
살아있는 기분이 달달하고

상석의 거미줄 걷어내자
거미는 누에고치 실 뽑듯 복원 중이다

안간힘으로 살아가는 사람과 미물들

다들 그렇게 살아가고 있다

혼돈의 시대

조각난 하루
속 끓였던 마음 주먹밥처럼 둘둘 뭉쳐
침대에 몸 올려놓았더니
정신 사나운 꿈을 꾸었다

지금 뭐 하자는 거요
뭘 그리 죽을죄를 지었다고
그만한 일로 나가라는 거요, 못 나갑니다
어림 반 푼어치도 없는 소리 하지 마세요

얼마나 발버둥 쳤던지 잠옷이 흥건하다

TV 9시 뉴스에서 인천공항 비정규직 직원들
한 치도 양보 없는 피켓 투쟁 모습을 본 게
악몽으로 되살아났다

나눔이 부족한 탓에
매번 어울림을 허탕치고
험한 꿈을 걷어내지 못한다
〉

누군가는 그런다
아등바등 살지 말고 쉽게 살라고

하지만,
나는 대충 사는 일이 더 어렵다

지팡이

옆집 할머니
유모차 붙잡고 한 발 한 발 걷는
발걸음 천근만근이다

밀어 드릴까요
안 돼, 이게 내 남편보다 더 좋아!
활처럼 휘어진 허리 연신 땅에 절해도
유모차는 든든한 할머니의 지팡이다

지난여름
이슬에 젖은 풀밭 내려가다
내리막길 굴렁쇠처럼 굴렀다
지팡이를 놓고 나온 탓이다

장딴지 근육 파열로 깁스를 하고
가려워 어찌할 줄 모를 때
효자손이 자식처럼 긁어 주었다

걸어가다 허깨비처럼 삐그덕 넘어지는 나에게
정신 줄 어디에 놓고 다니냐는
아내의 핀잔이 싫지만은 않다

3부
풍랑

부지깽이 1
부지깽이 2
초라한 점심
장승포 할매
여러 갈래 길
풍랑
여유
홍도에서 마음을 비우다
망치질
뒷박
소나무
너
새봄을 맞다
봄이 오는 길목
느티나무
마침표
사는 건 빈 거미줄
숨바꼭질
고추 모종
전기장판

부지깽이 1

짚이나, 마른 솔잎 불 피워
부지깽이 헤집자 아궁이 밖으로
밀려 나오는 불꽃
잠이 부족한 엄마는 연신 자맥질하며
기도 중이다

솥뚜껑 들썩거리며 눈물 쏟고
김은 빠져나와 통성기도 중이다

젊어서 일 많이 한 엄마 곁에
늘 부지깽이가 있었다

엄마 속처럼 끝이 까맣게 타들어 가는

부지깽이 2

아궁이에
불을 피우려면 순서가 있다

어슷하게 소나무 장작 쌓고
바람이 드나들 자리를 마련한다
불쏘시개로 쓸 삭정이 밀어 넣어
불 지피면 무쇠 솥뚜껑이 훌쩍거린다

가마솥 눈물을 보고
장작불 밀어 넣을지 끄집어낼지
가부간 결정은 부지깽이 몫이다

부지깽이는
살이 까맣게 타들어 가는데도
불을 무서워하지 않는다

초라한 점심

옥수동 재래시장 귀퉁이에서
생선 파는 할머니

늦은 점심으로 도시락 뚜껑 열자
느닷없이 몰아치는 바람
밥알에 흙먼지 한 움큼 뿌리며
내빼고 있다

한두 번 겪은 일도 아니란 듯
몇 술 떠서 버리고
밥알을 입에 떠 넣고 있다

한뎃밥을 먹은 지 오래라서
오가는 시선에도 익숙하다

때를 놓친 늦은 점심이지만
김치를 얹어 맛있게 오물거린다

손님 하나라도 놓칠까
눈동자는 행인에게만 고정되어 있다

〉
찬밥에 이력이 난 노인은
그저 끼니를 거르지 않는 것만으로 감사하다

장승포 할매

억척스럽게 살아온 장승포 할매
빈 유모차를 밀고 간다

활처럼 휜 허리
뒤뚱뒤뚱 오리걸음
유모차가 지팡이 되어준다

생선장수로 보낸 일생
옷에 밴 생선 비린내 날까 봐
학부형 모임 한번 나가지 못했고

팔꿈치 통증 오면 파스가 남편이었다

낡아빠진 단벌옷
찬밥 말아 먹으며
뙤약볕에 내맡긴 구릿빛 얼굴

젊은 시절 애달픈 사연이
유모차에 담겨 간다

여러 갈래 길

갈까 말까 꾸물거리다
마음 고쳐먹고 운동화 끈을 조여 맨다

산에 오르는 길
맨 처음 발자국이 좌표가 되고
그다음 발자국부터 도장을 찍어가며 길을 만든다

아침 일찍 고라니가 윤기 자르르 흐르는 서리태콩을
군데군데 뿌려가며 도장을 찍어 놨다

바람은 참나무 가지에 발자국을 찍으며 걷고,
하늘로 치솟은 참나무는
바닥에 그늘로 검은 도장을 찍는다

살아있는 것들만 흔적을 남긴다

풍랑

장승포 은빛 바다는
지심도 동백섬을 품고
외도 뱃길을 내준다

가끔 멀리 있는 대마도를 보여주기도 하는데,

오늘은 무슨 일일까
바다의 목소리가 높다
저렇게 화내는 일 본 적 없는데

파도는 바위에 몸을 패대기치지만
바위는 눈썹 하나 까닥 않고
제자리 버틴다

바위를
움켜쥐고 떨고 있는 미역들
긴 머리가 헝클어진다

멸치 떼는 무리지어 어디론가 피신을 하고
홍합은 바위에 바짝 붙어
바다의 화가 풀릴 때까지 기다리고 있다

여유

지심도 앞바다는
아침 태양을 들어 올리고

밤새 주낙 하던 어부는
장승포항에 입항하고 있다

바다에 나갔다가
돌아오지 못한 사람이 한둘이 아니라는 걸 알기에
신발이 땅에 닿자마자
소주 한 컵 따라 맹물 마시듯 벌컥벌컥
안주도 없이 소금 몇 알 털어 넣고

아이고, 힘들다
코로나 좀 걸렸으면 좋겠다
두 다리 좀 뻗게

좀 잡으셨어요.

바다가 주는 대로 잡아야지 뭐
오늘 못 잡으면 내일 잡으면 되지 뭐

세파世波를 넘어온 자만이 부릴 수 있는 여유였다

홍도에서 마음을 비우다

가슴에 담아둔
마음을 비우려 무작정 나선 홍도

여객선을 타고 비금도 다물도 흑산도를 지나니
홍도가 얼굴을 내민다

만물상 중심에 촛대바위
온몸으로 안아주는 모습이 엄마 품이다

잘 오셨습니다
안심하십시오
섬 끝자락 대한민국은 우리 땅입니다

어느 누구도 범접할 수 없다며
듬직한 군인처럼 보초를 서고 있다

50년 동안 해녀로 살았다는 할머니는
낙타 허리를 하고 오리걸음으로
전복 해삼 소라를 내놓는다
〉

남 탓하며 온갖 원망 늘어놨던
나의 구부러진 시간과 뒤뚱거리던 걸음들
홍도의 푸른 파도에 씻어낸다

망치질

오른손이 왼쪽 손등을 사정없이 내리쳐
시퍼런 피멍이 들었다
텃밭 고추 지지대를 겨냥하던 아침이
팔목을 잡고 절뚝거린다

그러고 보니 초등학교 5학년 어느 날
토끼집 짓겠다고 주먹구구식으로 나무를 자르다
왼쪽 손등 혈관을 자르는 큰 사고를 냈다

아이고 이걸 어쩌나
놀란 어머니는 장독대 된장 한 숟가락 퍼다 손등에 얹고
무명천 쭉 찢어 칭칭 감아 주셨다

그때는 형 있는 친구가 부러웠다
학교 가면 든든한 백 믿고 대장 노릇 하질 않나
토끼집을 근사하게 지어 토끼 한 쌍 새끼를 낳으면
좋아하는 모습 형이 없어 이루지 못했다

오늘도 형이 없으니
몸을 가운데 놓고
오른손 왼손이 토닥토닥 거리고 있다

됫박

구례 산수유 꽃에 취해서
들른 화개장터

눈에 좋은 결명자 한 되
뼈 건강에 좋다는 홍화씨 한 되
혈당 낮추는 볶은 둥굴레 한 되
두통 빈혈 기침에 좋은 구기자 한 되
간 심장에 좋은 헛개나무 열매 한 되
복분자 감초
고봉으로 받은 산수유

됫박에 담긴 온갖 열매들
대박 맞은 날이다

소나무

얼키설키 바위를 껴안고
비좁은 바위틈에 끼어
빗방울에 목 축이며 근근이 살아왔다

배배 꼬여 볼품없으니
그 누구도 탐내지 않았다

그런데
등산로 생기고 쉬어가며
주변을 살피던 사람들

그놈 멋지게 생겼다
분재로 쓸만한데…

못생겨서 인기가 더 많다는 말에
못난이 소나무 안절부절이다

너

얼음장 같은 몸뚱이 녹일 때의 손길
그게 바로 너였구나

추운데 춥지 않다며 구들장 덮어 주는 마음
그게 바로 너였구나

잿빛 구름 걷어내고 꿈 배달한 가슴
그게 바로 너였구나

서산마루 걸터앉아 설움 달래는 노래
그게 바로 너였구나

새봄을 맞다

설거지하다 말고
전화기 들고 급하게 방에 들어간 아내

한참을 통화하고 나오며
"헬스장 왕 언니인데
뜬금없이 미나리 사라네"

같이 운동하는 숙이네
친정집에서 미나리 재배하는데
코로나 때문에 판로가 막혀
이럴 때 우리가 십시일반
팔아주자는 말이다

아침 헬스장 운동 다녀오며
미나리 한 단 들고 오더니
밥상이 한층 싱그럽다

양푼에
무 배 매실 초장에 미나리 넣고
텃밭에서 겨울을 이겨낸

머위 잎 풋마늘 넣고
참기름 깨소금 넣으니
푸짐한 햇봄이 한상이다

우리가 언제
이런 호사를 누렸던가

우리 집에 도착한 봄에 눈 맞추며
감사기도한다

봄이 오는 길목

동박새가 봄을 물고
동백나무 가지 사이로
들락날락

빛 고운 노란 한복
차려입고 서성이는
개쑥갓

눈꺼풀 비비며
경첩을 기다리는
개구리

눈을 뜨고
봄 편지 기다리는
매화꽃

모두 다
어서 빨리 벚꽃 피길
기도하고 있다

느티나무

술래잡기 구슬치기로
정자나무는 늘 몸살을 앓았지

삶은 국수에
상추 땡고추 고추장에
들기름 한 방울 떨어뜨려 쓱쓱 비벼
볼 터져라 먹던 느티나무 그늘
그때 매미울음도 함께 떠먹었지

옆집 총각
새끼줄 감아 만든 동아줄로
출렁거리는 그네 매달았지만
속셈은 따로 있던 곳

한 아름 느티나무처럼
노인들은 늙어가고
아버지에게 물려받은 두툼한 이야기 한 권
느티나무가 읽어주었지

마을 사람들 하나 둘 떠나가고
지금은 혼자서
고즈넉이 놀고 있네

마침표

세파에 부대껴
허리 활처럼 굽은
노점상 할머니

맨땅 질펀하게 앉아
도마와 시퍼런 칼 준비해 놓고
손님 기다리고 있다

눈치 없는 감성돔
몇 분만이라도 더 살겠다며
고무대야 빙빙 돌고 있다

손님이 손가락으로 가리키는 어류
아가미에 칼 꽂히고
꼬리부터 비늘이 벗겨진다

물 한 바가지 휙 뿌려 세 토막 낸 할머니
검정 비닐봉지 담으며 싱싱해서 맛있겠다고
추임새까지 넣어준다
〉

하루 마침표를 찍는 보통 사람들
저녁거리 담아 들고 집으로 향한다
마침표를 찍은 물고기 한 마리도 따라간다

사는 건 빈 거미줄

잎 태워가며
물 오이 키워놓았더니
인정머리 없이
똑 따가는 검은 손

거미줄 걸어 두었더니
찢어버리는 훼방꾼

며칠 묵을 겸 안동 스승님 집
내려온 한양 대감이 받아 든 밥상

콩나물국, 된장찌개, 황태무침
한 술도 뜨지 못하자

대감!
꽁당보리밥 물 말아 고추에 된장 찍어
먹는 민초가 태반입니다

사는 건 빈 거미줄이다

숨바꼭질

바람이 술래가 되어
"무궁화 꽃이 피었습니다"

쑥 달래 냉이
술래에게 들킬까 재빨리 흙 속에 숨었다

단풍나무도
은행나무도
덩치 큰 느티나무도
맥없이 잡혔다

풀은 엎드려도 나무는 멀대 마냥 서서
안절부절

술래 등 뒤로
봄이 소리 없이 오고 있다

고추 모종

거름 뿌려 뒤집길 반복하고
비닐 씌워 비 오기만 기다렸다

노심초사 살아주기만 바랬는데
칼바람 버티지 못하고 비실비실
주저앉아 버렸다

일이란
때가 있고 순서가 있는 법
의욕만 앞세워 낭패를 본다며
바람이 비웃고 가버린다

땅도
온도를 품어야 병치레를 하지 않는다고
구름이 한 수 알려주고 간다

뒤안길
뒤적거려 보면
성질 급해서 망친 일이 어디 한두 번인가
〉

새까맣게 타들어 가는 가슴 안고
텃밭 농부는 깨닫는다
농사는 하늘이 주는 거라고

전기장판

등이 차다고 불평 늘어놓다가
금세 덥다고 이불 차내는 심보

변덕스러운 사람을 모시고 산다

펄펄 끓다가도
코드만 뽑으면 금세 차디찬 몸

전기장판도 사람을 닮았다

4부
당도한 길

|

쳇바퀴를 돌리다
개똥 모자
공원 벤치
당도한 길
광대놀이
나사못
요양원
허물
그림자
길고양이
기다림
문
라면
선풍기
낙엽
겨울날의 일기
종말
싱겁지도 짜지도 않은 삶
투표로 말한다
착시 현상

쳇바퀴를 돌리다

새벽에 살며시 집을 빠져나왔다

아래층 개 짖는 소리가 내 잠 속까지 따라와
어깨가 뻐근하다

벌집처럼
다닥다닥 붙어 살아가는 아파트 사람들
엘리베이터 안은 마스크 쓰고
침묵으로 방어 중이다

25년 한 통로를 사용한
낯익은 저 사람은 몇 호일까
아무도 알려고 하지도 않는다

빠른 걸음으로 도착한 헬스장
이미 러닝머신 소리가 여명을 걷어내고 있다

아침이 도착하면
또 낮의 시간표를 향해 걸음을 옮겨야 한다
날마다 반복되는

하루의 동선을 따라가면 늘 동그라미다

그 안에서 나는 조금씩 시들어 간다

오지 않는 그날을 기다리며
내일은 또 누구를 만나고 헤어질까

개똥 모자

장로님, 천국 문 들어서니
한 사람씩 차례대로 금 면류관
챙겨 쓰고 어디로 가기에

본인도 이 모자 저 모자 써 봐도
맞지 않아 두리번거리다 구석진 곳
개똥 모자 발견하고 써보다가

깜짝 놀라 깨어보니
초상 치르고 있더라는 70년대
부흥강사 설교

난 금 면류관은 고사하고
개똥 모자라도 있을지 몰라

기도하면 뭐 하나
밴댕이 소갈머리 불쑥불쑥
튀어나오는데

그래도 모자 하나쯤은 있어야지
다시 무릎 꿇고 기도 드린다

공원 벤치

공원 한 귀퉁이 나무 벤치

애들 흙장난에 꼴이 아닌데도
입을 꼭 다문
너의 마음 씁쓸이

애완견 배설물에도
처분만 지켜보는
참을성에 또 한 번 놀랐다

데이트하는 청춘 남녀
결혼까지 하라며 응원하고
노인들 쉬었다 가시라며 자리를 내주기도 한다

요즘 코로나 때문에 발길이 뜸해도
넌 그 자리를 지키고 있다

당도한 길

무작정 걸었더니 벌써
모퉁이가 보인다

잠들면 눈썹 희게 된다며
자지 말라던 할아버지
한 살이라도 더 먹고 싶어
날밤을 새우던 작은 설날도 있었다

그뿐이던가
돌멩이도 삭힐 것 같았던 청년 시절

허겁지겁 정지 들어가
보리밥, 상추, 고추장 들고
대청마루 걸터앉아 양푼에
쓱쓱 비벼 입에 물면 어머니는
애야! 체한다
물 마시며 천천히 먹어라

제대하면
세상 쥐락펴락 닥치는 일

가벼울 것 같았던 시간들

편지 보내면 답장 오고
답장 받으면 애달픈 사랑
숨기지 않던 늦은 밤

초승달과 그믐달 사이
단칸방에 당도하면 기다려주는 이가 있어
행복을 귀에 걸고 살았던 시간들

제비 새끼 먹이 물리듯
이리 뛰고 저리 뛰다 보니 어느새 뒤안길

산다는 건
한낱 그렸다 지우는 그림인 것을
젖은 낙엽이 되니 이제야
본향이 보인다

광대놀이

오늘도 어제처럼
어릿광대 놀이하는 사람

세상에 나가 웃고 다니지만
바늘로 찌르듯 아릴 때도 있고
주체 못 할 눈물을 감출 때도 있지

억지 춘향 꼴로 남의 말에
장단 맞추던 적 여러 번

계란 프라이 뒤집듯
어릿광대놀이 하는 사람

삼대도 지키지 못하는 권력
내려놓지 못하고
울다 웃으며 좌불안석이다

나사못

한 바퀴
두 바퀴
돌면서 자리를 잡아가는 나사못
성급히 서두르지 않아도
단단히 뿌리를 내린다

빠름도 느림도 목수 손에 달려있다

느리지도 빠르지도 않게
다짐하고 다짐하지만
그게 어디 쉬운 일이던가

오지랖이 넓어
괜히 남의 일에 끼어들고 간섭하다
봉변을 당한다

주님!
오늘도 입에 파수꾼을 세우셔서
입술을 지켜주시옵소서

요양원

해뜨기 무섭게
밭에 나가 콩밭 매다가
물 말아 한술 뜨는 것으로 점심 때우고
어둑어둑해 들어오면

올망졸망한 새끼들
숙제하는 모습에 피로가 녹고
못 배운 한이 삭아 내리던 엄니

아침에 피었다
저녁에 지는 나팔꽃 되어
산중에서 기억을 지우고 있다

삼겹살 구워 상추쌈에
볼 터져라 밀어 넣는 자식들
엄니는 안중에도 없다

자식들 돌아가고 아내가 말한다
여보! 당신도 들어갈 생각하고 있어야 해
〉

형제자매도 남이고
자식도 필요 없는 현대식 고려장

요즘은
그게 보편적 복지다

허물

우쭐대던 자만심
그 버릇
고칠 나이가 되었는데

보고도 못 본 체
듣고도 못 들은 체
입술에 문지기 세워 달라
골백번도 더 기도하지만

입에 물고 있는 소갈머리
시도 때도 없이 튀어나오고 있다

성질머리는 죽어야 고치지 못 고쳐
저 소리 많이 들어본 소리
나에게 하는 소리

귀담아 듣지 않고
하고 싶은 말 다 쏟아낸
허물이 많은 한 해였다

그림자

길 나서면 눈치 없이 따라나선다
천천히 걸으면 거북이걸음 걷다가
뛰기 시작하면 덩달아 잰걸음이다

너 누구야,
물어도 묵묵부답 비켜라 말해도 막무가내다
잠시 머물면 고양이 걸음하다가도
돌아서면 살며시 선회하기에 숨었다 나오니
빙긋이 얼굴 내민다

키를 늘렸다 줄였다 발걸음 앞서거니 뒤서거니
어둠 물리치며 모퉁이길 지나날 때 무서움
덜어주던 동행이 그립다

아무리 바빠도 그렇지
시간 내서 장승포 해변도로 한 번 걷자

길고양이

새끼 고양이 울음소리 쪽으로 귀 쫑긋 세워 살금살금 발길을 옮긴다

잡다한 물건들이 어지럽게 널린 테니스 야적장, 아이스박스에 자리 잡은
어린 3형제 울음 뚝 그치며 경계 중이다

예뻐서 뿐이, 눈꼬리가 올라가 여우, 막내는 봄이란 이름 지어주며
이유식과 참치 통조림 주었다
오가는 사람들 귀여운 새끼들을 만지고
사람의 손을 타자 어미는 새끼들을 버리고 가출을 했다

그들은 냄새로 영역을 확보하며 냄새로 가족 끈을 이어가는 야생 기질이
세상을 버티는 가장 큰 무기인데, 실수를 했다

나는 어떤 냄새를 풍기며 살아왔을까
또, 어떤 냄새를 남겨놓고 떠나게 될까

기다림

바람이 바닷가를 쓸고 갈 때도
파도가 찰싹찰싹 휘갈길 때도
갯바위는 화내지 않는다

폭풍 몰아치면 더 기세등등
부서지고 깨져도 자리를 지키고 있다

참고 기다리면
바람에 파이고 깎여

사자바위
코끼리바위
걸작품이 태어난다

문

지금까지 몇 번을 여닫았을까
울타리를 치고 문을 달고
가족을 늘려왔다
힘들고 지칠 때 새끼들 입을 보며
깃털처럼 가벼운 마음으로 현관문을 나섰고
파김치로 돌아와 신발끈 풀 때도
칭찬 한마디에 피로를 잊었다
자정 넘도록 문밖을 서성여도
한결같은 마음으로 나를 받아 주는 문
매듭을 묶고 풀며 가슴 찌르던 파편을
지워주고 쓸어 담아주는
문이 우리집에 있다

라면

통학버스 놓칠까 봐
석유곤로에 삼양라면 끓여
아침 먹고 학교 가라던 아버지

그때, 그게
곱빼기 사랑인 줄 몰랐다

서로 엉켜 풀리면 죽는다며
껴안고 버티는 라면

팔팔 끓는 물에
어쩔 수 없이 하나 둘
손을 놓는다

라면 같은 삶
엉켰다 풀리고 풀렸다 엉킨다

내 기억 속의 아버지
엉킨 삶을 풀어주고
사랑이라는 맛을 알게 해주셨다

선풍기

돌만큼 돌았다
머리가 뜨끈뜨끈하도록

별들이 초롱초롱 쏟아지는 저녁
수박파티에 끼어들어
신명나게 일한 적도 있었지만

열대야에 야근까지 하는 날
바람은 미지근해지고
부부간에 말다툼이 일어나기도 했다
남편은 에어컨을 아내는 선풍기를 찾았다

귀뚜라미 울음소리가 들려오면
그의 노동은 끝이 난다

망을 쓰고 캄캄한 어둠 속으로 사라져야 한다

낙엽

속절없이
얼굴 비비는 바람 앞에
점점 물기가 말라간다

퇴색한 가을의 잔해들
바람이 길을 재촉하지만
돌부리에 걸려 닿은 곳 수챗구멍
아찔한 벼랑이다

바람을 타고 놀던 몸
이제 바람의 포로가 되어 이리저리 흩날린다

한 줌 흙으로 가는 길
오가는 발길에 밟히고 있다

겨울날의 일기

쩍쩍 달라붙는 아침 문고리에
겨울의 지문이 묻어있다

마당에서 밤을 지샌 눈사람도
발이 시리다

사나흘 눈을 보듬고 있는 초가지붕
처마끝에 고드름 매달고

헛간에는 흙 묻은 괭이, 삽
겨울잠에 빠져있다

추위에도 부지런히 봄을 피우는 설중매
서둘러 꽃 농사를 짓는다

종말

두 사람은
봉분 밑동을 파헤치며
뼛조각을 찾고 있다

가스통에 토치 연결하더니
뼈를 태우고 표지석 넣고
손 탈탈 털며 고생했어

필경 벌초하기 싫어
흔적 지우고 뒤돌아서는 사람
자손이 틀림없을 터

흙으로 왔다
흙으로 가는 인생
죽어도 마음이 편치 않다

싱겁지도 짜지도 않은 삶

삶은 감자를 먹는 네 살배기 아기한테
엄마가 묻는다
"맛있어?"
"짭조름해"

어린 게 짭조름한 맛을 어떻게 알까?

짭조름하고 달달한 국물에 얼음 동동 띄워
말아먹는 메밀국수도 있고
바닷바람 부는 부두에서 먹는 짭조름한 생굴도 있다

시원하고 짭조름한 동치미 한 모금 마시고
제철 맞은 돌게장, 새우장, 전복장을
보리밥 한 숟갈에 올려 먹는 짭조름도 있다

늙은 호박 넣고 끓인 갈치국
옥돔구이에 밥 한 공기 뚝딱 해치우던
짭조름
장아찌, 조린 우엉, 연근조림도 짭조름하다

한 입 베어 물면
착착 감기는 짭조름한 새우젓 깍두기
대하 갓 잡은 전복 튀김
모두 짭조름하고 바삭바삭하다

싱겁지도 짜지도 않은 짭조름한 맛
그게 잘 사는 인생이 아닐까?

투표로 말한다

구름은 머무는 법이 없고
바람은 멈추는 법이 없는데
세상을 묶어두려고 안달이다

생각과 다르면 적으로 생각하고
말로 비수를 꽂더니 찢긴 깃발 들고
분노를 삭이지 못하고 있다

동쪽은 붉은 깃발 서쪽은 파란 깃발
초등학교 가을 운동회 마지막 줄다리기
시합을 보는 것 같다

해주는 밥 먹고 상 물리며
맛있게 잘 먹었다고
립싱크로 인사치레하는 사람

세상 물정도 모르면서 툭하면 서문시장 가서
'여기만 오면 살맛 난다' 갈라치기 하더니
성적표 들고 좌불안석이다
〉

이쪽, 저쪽 우리 모두 '국민' 아닙니까?

파 한 단에 울지 말고
제주 4.3, 5.18, 팽목항, 이태원을 '기억'하시라

아직 동트지 않았는데
고양이 울음소리가 애절하다

착시 현상

미술시간
물감, 도화지만 봐도 걱정이 태산이다

하지만 한 가지 자신 있는 게 있다
무지개 색깔 잉크에 실을 넣었다 꺼내
도화지 위에 하트 모양 만들고 절반 접어

왼손한테 잡아 달라하고
오른손으로 실 끝을 잡아당기면
짝사랑하던 여자 친구 엉덩이가 웃으며 나온다

여백에다 이렇게 써 주었다
"세상에 종말이 올지라도 그대와 함께 가리"

오늘 보니 새빨간 거짓말이었다

안재덕 시집 『공짜 밥』 해설

김경수 시인·문학평론가

해설

회상적回想的 공간의 삶과 의식의 흐름
— 안재덕 시집 『공짜 밥』을 읽고

김경수 (시인·문학평론가)

> 밥상머리에서 아버지는 다랭이 논 붙이려면
> 물꼬 관리를 잘해야 한다고 하셨다.
> 객지 생활하면서 처신 잘하고 모래밭에
> 혀를 빼고 죽어도 신의를 저버리면
> 안 되는 법이여 그러셨습니다.
> −시인의 말 중에서

1 들어가며

현재는 과학의 발달로 AI 창작물이 쏟아져 나오는 시대이다. 인공지능 작가가 시를 쓰고 소설을 쓰며 그림을 그린다. 영화도 만든다. 이처럼 예술의 영역도 이제는 AI가 빠르게 확산하고 있다. 또한 그 독창성이 인정될 경우는 저작권까지도 인정하는 나라가 늘어나는 추세다.

우리의 일상성 자체가 기술세계로 이미 전환된 시대로 볼 수 있다. 즉 예술의 키치kitch화 시대다. 이제 에이아이 등은 현실에서 하나의 주요한 속성으로 인정 받고 있는 것이다. 그런데도 시가 가지고 있는 서정 어린 숨결의 독창성은 아무리 발달한 에이

아이라 할지라도 대체할 수 없지 않을까? 라는 마음이다.

이렇게 볼 때 시詩란 무엇인가? 이러한 질문에 대한 답변에서 확인 가능하리라 본다. 물론 이러한 질문은 사람이 왜 사느냐는 질문만큼 어렵고 다양성이 내포되는 것이기도 하다. 원래 시 poetry라는 의미는 '창조한다.', '행동한다.'라는 두 가지 뜻을 가지고 있다고 한다. 그래서 시인은 '만드는 사람'이란 뜻을 가지고 있다 한다. 시의 정의를 살펴보면, 황무지를 쓴 영국의 작가 T·S 엘리엇은 "시의 역사는 오류의 역사"라고 했으며, 공자는 논어의 위정 편에서 '어느 정도 시를 알면 생각에 사악함이 없다'고 했고, 철학자 아리스토텔레스는 '언어에 의한 모방'이라고 했다. 이처럼 시에 대한 정의는 딱 잡아 이야기할 수 없는 것이다. 또한 오늘날 우리가 살아가는 삶의 현장에서 시의 특질은 심오하게 변하고, 변모하기 때문에 사실 시에 대한 정의는 쉽게 내리기가 어렵다고 볼 수 있다. 따라서 시란 이론을 떠나 현실적으로 마음을 움직이게 하는 감동과 서정의 울림이 있을 때 작가나, 독자에게 비로소 그 시의 위력이 발휘하는 것만은, 누구도 부정하지 않을 것이다. 그래서 우리는 아직도 시는 영원한 미지수라는 명제하에 탐구하고 있는지도 모른다.

한 편의 시는 시인의 마음을 진솔하게 표현해 준다. 시는 시인이 무엇을 구하고 호소하는 바가 무엇인가를 시로 보여주기 때문이다. 인간 생활의 뒤안길에 남겨진 알뜰살뜰한 인간애의 생각들을 글로 표현, 시심詩心을 적나라하게 드러내기 위한 작업이다. 우리들이 일상적으로 이야기하고 있는 삶에 대해서도 확연하게 정의를 내릴 수는 없듯이 우리가 의식주衣食住를 가치로 삼고, 의식주에 충실히 살아가는 현실의 평범한 일들일 것이라 생각이 든다. 시인은 체험적 순간을 통해서 얻은 인스피레이션으로 시작을 하는 것이며, 그 시가 서정이건, 현실참여건, 아니면 종교적이든 또는 민족적 저항시든 간에 이러한 시들의 서정성을 시인의 삶과 정신에 담아 한 삶의 방편으로서 힘의 위력을 발휘하고 있을 터인데, 이러한 안재덕의 아이덴티티를 통해 삶과 생의 갈증에서 자신의 시적 자아das lyrische를 발견하려는 의도가 엿보이기도 한다.

2 혈육에 대한 사랑의 정서情緖

다음에 보는 몇 편의 시에서도 알 수 있듯이 안재덕의 포에지의 지향성志向性인 가족의식에서 발로된 회상적 공간을 통한 자아의식이 그의 시의 지향점이라 할 수 있다.

> 지금까지 몇 번을 여닫았을까
> 울타리를 치고 문을 달고
> 가족을 늘려왔다
> 힘들고 지칠 때 새끼들 입을 보며
> 깃털처럼 가벼운 마음으로 현관문을 나섰고
> 파김치로 돌아와 신발 끈 풀 때도
> 칭찬 한마디에 피로를 잊었다
> 자정 넘도록 문밖을 서성여도
> 한결같은 마음으로 나를 받아 주는 문

> 매듭을 묶고 풀며 가슴 찌르던 파편을
> 지워주고 쓸어 담아주는
> 문이 우리 집에 있다
> 　　　　　　　　　　　-「문」 전문

　인용 시는 안재덕 시인이 추구하는 혈육에 대한 삶과 시가 가족애적으로 소박하게 승화된 흔적을 찾아볼 수 있다. 최저의 조건에서 가장으로 가정과 가족을 지키려는 고민, 좌절, 절망의 끝에서 아픔의 고통을 떨치고 일어서려는 강인한 삶의 의지를 문을 통해 이야기하고 있다. "지금까지 몇 번을 여닫았을까/울타리를 치고 문을 달고"(「문」 1~2행)이라는 화자의 고백은 불안한 현실과 소요에 대한 시간의 여운들이 내포되어 있다. "파김치로 돌아와 신발 끈 풀 때도/칭찬 한마디에 피로를 잊었다/자정 넘도록 문밖을 서성여도/한결같은 마음으로 나를 받아 주는 문"(「문」 6~9행) 그 문은 화자만이 지킬 수 있는 견고한 문이다. 또한 어려운 삶의 매듭을 묶기도 하고 풀어주기도 하는 튼튼한 가족의 문인 것이다.

　안재덕 시인은 고향을 떠나 거제도에서 35년의 긴 세월을 조선소에서 일하며 자신의 젊음과 청춘을 땀과 성실로 지켜온 시인이다. 이제는 정년을 맞이하고 그곳에서 터를 잡고 제2의 인생을 글과 함께 사회봉사를 하며 살아가는 늘 푸른 시인이다. 그가 조선소 일터에서 나온 지도 10년이 흘렀다. 이제 거제는 45년을 살아온 생활의 터전으로 타향 아닌 제2의 고향이 되었다.

아래의 시에서 화자는 자기를 지키고 응시하던 시간이 "알고 보니/세월이 나를 끌고 가고 있다"며 시간에 대해 자각을 하고 있다. 그 시를 보도록 하자.

객짓밥 먹으려면
거짓말하지 말고
돌다리도 두들겨보고 건너야 혀

한 번 인연은 죽을 때까지 지켜야 하고

귀에 딱지 앉도록 들었던 말
이제 자식들에게 하고 있다

벚꽃이 한바탕 어지르고
송홧가루가 봄을 끌고 가기에
그러니 했는데

알고 보니
세월이 나를 끌고 가고 있다
　　　　　　　-「정년 10년 차」 전문

인생을 멋지고 기쁨으로 살고 싶어 하는 시인, "객짓밥 먹으려면/거짓말하지 말고/돌다리도 두들겨보고 건너야 혀"(「정년 10년 차」 1연)처럼 과거 선조로부터 들어 터득한 지혜를 이제는 자신이 자손들에게 하고 있다는 현실을 안타깝게 생각하며 이제까지 맞

보지 못한 자각을 "벚꽃이 한바탕 어지르고/송홧가루가 봄을 끌고 가기에/그러니 했는데"(「정년 10년 차」 3연)처럼 삶의 회상적 공간으로서 혈육에 대한 사랑의 정서情緒를 이야기하고 있다.

안재덕 시인은 2021년 첫 시집 『땅따먹기』를 출간했다. 또한 2017년에는 천태산 은행나무에 관한 이야기를 시와 에세이 형태로 합동 작품집을 발간하기도 했다. 그의 첫 시집에서도 그는 '삶이 물음표, 느낌표, 쉼표, 마침표의 연속이라며 느낌표로 살고 싶다'고 했다. 그중에서 '시詩를 낚는 손맛은 느낌표'였다며 시인의 말에서 언급하고 있다. 이 말은 제2 시집에서도 유효하다는 생각이 든다. 아래의 시를 보자.

어쭈구리
힘 좀 쓰는데

이 말이 참 듣기 좋았다
어쭈구리
이 말 때문 날개 달아보려
무척 용을 써 봤다

아빠! 힘들어
달랑 들어 올려 목말 태우니
뒤따르던 사람
어쭈구리! 힘 좀 쓰는데
그날 밥맛이 꿀맛이었다

나만 그런 줄 알았는데
산책 나간 아들도 그러고 있다
부전자전이다

요즘, 어쭈구리!
보이지 않는 날개 때문에
세상이 혼잡하다

죽었다 깨어나도
어쭈구리는 될 수 있어도
날개는 달 수 없다
　　　　　-「어쭈구리」 전문

 '어쭈구리'라는 말의 어원은 인터넷에 나온 글을 종합하면 '어주구리漁走九里'이다고 한다. 이 말은 중국 한나라 때 잉어가 메기를 피해 도망간 거리가 구리九里가 된다고 하는데, 우리말에서는 '어쭈구리'는 '아주 또는 그렇게'라는 의미다고 설명된 걸 보면 잘난 체할 만한 처지가 아닌데도 불구하고 그렇게 한다는 뜻으로 받아들인다고 보면 될 것 같다.
 어찌 됐든 간에 위 시에서 보듯이 그는 시의 손맛을 충분히 느끼고 있다. 안재덕의 가족에 대한 희귀希求 정신은 그의 포에지의 중심이라고도 할 수 있다. 또한 혈육에 대한 사랑으로 정서情緒가 짙은 "아빠! 힘들어/달랑 들어 올려 목말 태우니"(「어쭈구리」 3연의 1~2행), "나만 그런 줄 알았는데/산책 나간 아들도 그러고 있다/부전자전이다"(「어쭈구리」 4연의 1~3행)처럼 나타나고 있다.

어쭈구리라는 의미를 통해 아빠로서 뿌듯함을 보여주는 화자의 태도는 가족에 대한 사랑이, 그에 삶 이상의 의미로 승화되기도 하고 때론 가장으로서 완벽한 삶의 동일 선상에서 파악되기도 하며 단절과 허무로 "죽었다 깨어나도/어쭈구리는 될 수 있어도/날개는 달 수 없다"는 역설의 의미로 확인되기도 한다.

3 회상적 공간의 삶

안재덕의 작품들은 화자의 직관적 눈으로 바라보는 회상적 공간의 삶을 군더더기 없이 초점을 끌어가고 있으며 80여 편의 작품을 통해 알 수 있다. 그러나 그의 시가 이미지Image나 상상력에 있어서 환기력evocative powey의 힘이 약해 보이는 것은 아마도 그의 강점이자 약점일 수도 있을 터인데, 안재덕의 시에서 고향에 대한 그리움의 정서와 가족 그리고 삶의 힘듦에 대한 의식이 유별난 것은, 고향이란 출생의 시간과 공간의 구심점이 되는, 즉 성장과 출세라는 체험은 고향에서 멀어지는 원심력이라면, 그것에 대한 상대의 심리로 나타나는 구심력은 과거 지향적 특성으로 보는 것이 옳을듯싶다. 이러한 과거 지향적 특성은 오랜 세월의 타향생활이나, 자유롭지 못한 직장 생활의 습관 내지는 사회, 경제적 영향일 수도 있고, 안재덕 시인의 오랜 조선소의 힘겨운 생활에서 묻은 경직된 생활의 습성에서도 나타나는 이유가 될 수도 있을 터이다.

먹통은
먹줄이 있어도
먹물이 없으면 쓸모가 없다

어릴 때 아버지는
내가 엉뚱한 짓을 하면
아이고 이, 먹통아 그러셨다

요즘, 점점 먹통이 되어가고 있다

먹물 들은 게 없다며
중요한 자리도 사양하시던 아버지처럼

먹통 대신 먹물이 되어
부전자전이란 소리 듣고 싶다
　　　　　　　　－「목수와 먹통」 전문

　독일 시인 노발리스는 "언제나 체험을 중요한 창작 동기로 하여 작품을 신비하게 이끌어 가는 세계를 구사해 낸다"고 했다. 이것처럼 안재덕의 시는 체험을 중요한 창작 동기로 하여 특징적 관념론적 문학세계를 이루고 있다고 보는 것이 타당할 것이다. 그의 체험과 작품의 상관 관계는 그의 회상적 공간으로써 확연히 드러나고 있다.
　위의 시「목수와 먹통」을 보면는 '먹통'이라는 즉 '사물이나 사람의 생각이 제대로(원하는 대로) 작동이 되지 않는다'는 뜻과 목수들이 먹줄을 칠 때 쓰는 먹물을 채워두는 나무 그릇인 '먹통'

을 대비시켜 언어의 이중구조를 사용하여 화자의 자아 확인은 물론 자기 성찰의 객관적 상관물로 사용하고 있다. "어릴 때 아버지는/내가 엉뚱한 짓을 하면/아이고 이, 먹통아 그러셨다"(「목수와 먹통」 2연)처럼 먹물을 담아두는 먹통이 아니라 원하는 방향으로 작동하지 않는 '먹통'을 이야기하고 있다며 흘러가는 세월 앞에 정신적으로 나약해진 화자의 현실적 상황을 먹통을 통해 표출하고 있다. 그러면서 회상적 공간에 자리 잡고 있는 아버지를 소환한다. "먹물 들은 게 없다며/중요한 자리도 사양하시던 아버지처럼"(「목수와 먹통」 4연) "먹통 대신 먹물이 되어/부전자전이란 소리 듣고 싶다"(「목수와 먹통」 5연)에서 같이 그의 회상적 공간은 가족에 대한 그리움으로 이어진다.

　이러한 안재덕의 삶에 대한 의식의 흐름은 이 시집의 메타텍스트인 「공짜 밥」에서 드러난다.

　　제대하고 복직하면서
　　판자촌에서 자취를 시작했다

　　별 보고 출근하여 별 보고 퇴근하는 하루하루
　　아니다 싶어
　　대책 없이 사표를 냈다

　　때마침
　　유류파동으로 이란 사우디 중동에 갔던 근로자들 입국하고
　　취업 문이 막막했다

그때,
판자촌 주인 할머니가 끼니를 챙겨주었다

할아버지는 공사판 막일로
그날그날 먹고 사는 처지인데
허구한 날 젊은 놈은 공짜 밥을 먹었다

돼지껍질 사다가 볶아주는 날이면
게 눈 감추듯 고봉 밥그릇을 비웠다

괴나리봇짐 들고 거제도 송정마을에 발붙였던 그때도
혼자 사는 할머니가 대가 없이 거두어 주었다

보리굴비 구워 숟가락에 올려주며 친손자처럼
아껴주던 할머니

그 빚을 갚아야 하는데
할머니는 파랑새가 되어 멀리 떠나셨다

-「공짜 밥」 전문

위 시는 1980년대 중동의 1, 2차 유류파동으로 어려워진 경제와 산업현장의 실태를 경험한 화자의 이야기다. 그 당시 세계적인 경제 불황은 우리 모두에게 현실과 일체감 내지 자기 정체성의 상실을 불러일으켜 사람들을 불안하게 만들었다. 어제의 내가 오늘과 다르고 또 오늘의 내가 내일의 나와 다르다는 것은, 결코 아름다울 수가 없다는 것을 「공짜 밥」이라는 대상을 통해 소통의 방법을 찾고자 함이다. 이 시에서도 어떤 관념을 파악하려 한다면, 그것은 헛수고에 불과할 것이다. 이 시에서는 구체적인 대상에서 자동기술에 의한 의식의 흐름을 시작행위 그 자체로 나타내고 있기에, 대상과의 거리가 없어진 서술적 이미지의 나열과 회상적 공간의 재구성, 대상의 구속으로부터 해방된 표현이다. 이러한 경험의 일들은 나이가 들어가는 세월의 현상에서 행복하게 받아들이는 일은 화자에게는 무척이나 허허롭고 외로운 일이다.

  1연에서 화자는 군 제대를 하고 그것도 지금의 젊은 세대는 알 수 없는 판자촌의 자취 생활이며 자신이 살아온 세월의 흐름에 불안감을 나타내고 있다. "별 보고 출근하여 별 보고 퇴근하는 하루하루/아니다 싶어/대책 없이 사표를 냈다"(「공짜 밥」 2연)이 그 비유다(불안성과 위기의식). 이러한 위기의식은 3연 "때마침/유류파동으로 이란 사우디 중동에 갔던 근로자들 입국하고/취업문이 막막했다."(「공짜 밥」 3연)며, 인고의 세월에서 치열했던 일상의 삶들이 묻어나 있다. 이어진 4연에서는 언어의 전이가 일어나며 공짜 밥으로 소통의 언어를 표출하고 있다. "그때,/판자촌 주인 할머니가 끼니를 챙겨주었다."(「공짜 밥」 4연) 당시의 공짜 밥은 화자에게는 서사성으로 드러나는 특징을 가지고 있다. "할아버지는 공사판 막일로/그날그날 먹고 사는 처지인데/허구한 날 젊은 놈은 공짜 밥을 먹었다//돼지껍질 사다가 볶아주는 날이면/게 눈 감추듯 고봉밥 그릇을 비웠다"(「공짜 밥」 5~6연)에서는 치열했던 일상의 삶들이 공짜 밥의 형태로 묻어나고 있으며, "괴나리봇짐 들고 거제도 송정마을에 발붙였던 그때도/혼자 사는 할머니가 대가 없이 거두어 주었다//보리굴비 구워 숟가락에 올려주며 친손자처럼/아껴주던 할머니/그 빚을 갚아야 하는데/할머니는 파랑새가 되어 멀리 떠나셨다"(「공짜 밥」 7~9연)처럼 당시의 우리네 현실을 평범하고 소박하게 담담하게 그려내고 있다. 특히 그 시절 시인의 생을 챙겨 주었던 주인공 할머니가 파랑새가 되어 떠났다는 그리움을 놓지 않으려는 심적 고통을 나타낼 수밖에 없음을 고백하고 있다. 그 고백의 소리를 다음 시에서 읽을 수 있다.

> 짚이나, 마른 솔잎 불 피워
> 부지깽이 헤집자 아궁이 밖으로
> 밀려 나오는 불꽃
> 잠이 부족한 엄마는 연신 자맥질하며
> 기도 중이다
>
> 솥뚜껑 들썩거리며 눈물 쏟고
> 김은 빠져나와 통성기도 중이다
>
> 젊어서 일 많이 한 엄마 곁에
> 늘 부지깽이가 있었다
>
> 엄마 속처럼 끝이 까맣게 타들어 가는
> 　　　　　　　「부지깽이 1」 전문

안재덕은 그의 직접적인 생의 체험을 통해 서서히 정리해야 하는 삶의 위기의식 속에서 사물인 부지깽이를 통해 자기 탐색과 인간 본성에 대한 현상의 심리를 시화詩化하고 있다. "솥뚜껑 들썩거리며 눈물 쏟고/김은 빠져나와 통성기도 중이다//젊어서 일 많이 한 엄마 곁에/늘 부지깽이가 있었다//엄마 속처럼 끝이 까맣게 타들어 가는"(「부지깽이 1」 2~4연) 부지깽이를 통해 그는 과거 솟구쳤던 인간의 과욕이 지금에 보니 한낱 부질없이 엄마의 속처럼 까맣게 타들어 가는 시간을 수용하고 있음을 알 수 있다.

4 삶과 노동

시인은 자신이 경험한 일체의 생각이나 경험을 통해 보고 느낀 것을 자신의 감성에 충실하게 표현하는 것이 시라는 자신의 고정관념에 사로잡혀 있으면 좋은 시를 힘들이지 않고 개성적으로 쓰는 데에는 이게 바로 함정이라는 걸 알아야 한다는 것이다. 그것은 우리가 살아가는 방식과 경험과 느낌은 사람 대부분이 비슷하다는 것이다. 그래서 중요한 것은 상상력을 가지고 써야 좋은 시를 쓸 수 있다는 다수 이론가의 이야기다.

콜리S.T. Coleridge라는 학자는 "언어는 인간 정신의 무기고로, 과거의 전리품과 미래의 정복에 필요한 무기를 동시에 저장하고 있다."고 말했다 이 말은 "언어는 존재의 집"이라고 말한 하이데거의 말 처럼 시적 언어는 상상력이 시에서 얼마나 중요한지를 말해 주고 있다고 본다.

단테는 그의 고향 피렌체를 작품 「신곡」에서 "내가 태어나 자란 곳은 아름다운 아르르 강변의 큰 도시"라며 그의 고향을 노래

했다. 안재덕 시인의 고향은 산수가 수려한 지리산 자락의 전북 장수다. 물론 그가 태어나고 유년기를 보내며 부모 형제와 함께 호연지기를 꿈꾸며 자란 그곳은 장수와 이웃하고 있는 진안이다. 자라면서 부모님으로부터 지혜와 삶의 살아가는 방식을 배웠을 것이고 형제와 함께 행복한 사춘기를 보냈을 것이다. 이러한 그의 고향 의식은 타향에 살면서도 언제나 시인의 가슴과 머릿속에서 삶을 지탱하는 힘으로 작용했기 때문으로 보인다.

    옆집 할머니
    유모차 붙잡고 한 발 한 발 걷는
    발걸음 천근만근이다

    밀어 드릴까요
    안 돼, 이게 내 남편보다 더 좋아!
    활처럼 휘어진 허리 연신 땅에 절해도
    유모차는 든든한 할머니의 지팡이다

    지난여름
    이슬에 젖은 풀밭 내려가다
    내리막길 굴렁쇠처럼 굴렀다.
    지팡이를 놓고 나온 탓이다

    장딴지 근육 파열로 깁스를 하고
    가려워 어찌할 줄 모를 때
    효자손이 자식처럼 긁어 주었다

    걸어가다 허깨비처럼 삐그덕 넘어지는 나에게
    정신 줄 어디에 놓고 다니냐는

아내의 핀잔이 싫지만은 않다
「지팡이」 전문

억척스럽게 살아온 장승포 할매/빈 유모차를 밀고 간다//활처럼 휜 허리/뒤뚱뒤뚱 오리걸음/유모차가 지팡이 되어준다//생선 장수로 보낸 일생/옷에 밴 생선 비린내 날까 봐/학부모 모임 한번 나가지 못했고/팔꿈치 통증 오면 파스가 남편이었다//낡아빠진 단벌옷/찬밥 말아먹으며/뙤약볕에 내맡긴 구릿빛 얼굴//젊은 시절 애달픈 사연이/유모차에 담겨 간다.
「장승포 할매」 전문

위 두 편의 작품에서는 두 가지의 삶의 시간이 공존하고 있다. 하나는 칠순이 된 성인이 현재 겪고 있는 늙은 삶의 시간이고, 다른 하나는 순수한 표상으로써 어린 시절의 꿈을 유모차를 통해 (물론 화자가 어린 시절에는 유모차 대신 포자기로 감싸아져 있는 엄마 등에 업힌) 고스란히 간직하고 있는 과거의 시간이다. 물론 그 과거의 시간은 그에겐 하나의 절실한 그리움, 그리움의 대상이다. 위 시가 그러하듯 시는 마음의 그림이다. 그러한 삶에 대한 하나의 설득력과 시적인 긴장감을 형성하고 시에 의도적이든 의도적이 아니든 하나의 시적 대상을 분명하게 설명하고 있다. '지팡이'와 '장승포 할매'의 형태 속에 존재하는 늙음과 유모차에 기대어 사는 시간의 싸움을 시인은 자신의 자유로운 생각으로 노래한다. 사랑하는 사람의 마음은 또한 순결해야 하고, 그 실천하는 마음과 행동이 흔들림이 없어야 하며 용기를 지녀야 한다는 것이다. 모든 인간은 자신만이 원하는 사랑 방식을 가지고 있는 것처럼 자아의 삶의 무게는 타인의 인생을 엿보는 현실 고발의 시상으로 나타나고 있다. 이는 현실을 외면한 제 몫이란 결국 의미 있는 감동을 생산할 수 없기 때문이다. 시인은 시대 속에 살면서 날카로운 비판 의식과 함께 정의로워야 하기 때문이다.

시인은 외롭다. 시인을 가장 아프게 하는 것은 자신의 외로움이 그 무엇으로부터도 위안받을 수 없다는 현실 인식에 토대를 둔다. 시인은 자신의 삶을 자신의 나이에 인생 여정을 비유시킴으로 걸어온 자취를 되돌아보는 시상詩想으로 바다가 있는 타향의 적막을 읊으며 화자 자신의 모습을 보여 주고 있다. 아래의 두 작품은 타향살이에서의 고단한 노동의 현실을 말하고 있다.

> "라데팡스 아파트 외벽에 달라붙은 사내/가족을 어깨에 지고/외줄에 의지하여 페인트 총을 붙들고/물 뿌리듯 곡예를 부리고 있다//타향살이 몇 해던가 고향 떠난 30년에 청춘만 늙어간다/편곡 아닌 편곡을 돼지 멱따는 소리로 내지르며/삶의 고달픔을 토해내고 있다//사내의 손끝에서 태어나는 화려한 빛깔들/낡은 외벽은 새롭게 바뀌고 있는데/언제쯤 사내의 고달픈 운명은 채색이 될까//오만가지 페인트가 묻은 작업복이/사내가 걸어온 길을 알려주고 있다//허공을 딛고 살아온 길이 바람에 흔들린다//노을을 등에 지고/밧줄 하나가 붉게 물들고 있다"
>
> 「도장 작업」 전문

「도장 작업」 전문이다. 아파트 외벽에서 단 한 개의 밧줄에 자신의 생명을 맡기며 살아가는 노동자의 생생한 삶의 현실을 보여

주는 장면이다. 자칫 외줄이 끊어지기라도 하면 그의 생명은 담보할 수 없다. 아슬아슬한 시인의 시안과 시심이 합일하는 내면적 세계인 의식의 흐름stream of consciousness은 인간과 노동 불일치 不一致되는 과정으로서의 체험이라 할 수 있겠다. "타향살이 몇 해 던가 고향 떠난 30년에 청춘만 늙어간다"(「도장 작업」 2연 1행)은 노동자의 "삶의 고달픔을 토해내고 있다"(「도장 작업」 2연 3행)은 것은 그만큼 노동의 고통에 대한 허무의식을 떨치고 일어서려는 절망의 끝에서 강인한 삶의 의지로 새로운 인생을 살고 싶어 하는 의지의 표현이라고 본다.

갈지자걸음 멈춰 서더니
신축 아파트 공사장 울타리
머리 처박고 누워
보도블록 침대 삼아
별을 덮고 오밤중인 사내

무슨 사연이 저렇게
고주망태를 만들었을까?

출근하면 반장 잔소리
어울리기만 하면 정치 이야기
머리가 지끈거린다

하루 벌어 하루 먹고살아도
뼈가 어그러져도
다만, 밥통 놓을 때까지
무탈한 게 꿈이라면 꿈이다

올빼미 눈뜨고
이제나저제나 학수고대하는
마누라 안중에도 없이 노숙 중이다
「젊은 노동자」 전문

　인용 시를 보자 "갈지자걸음 멈춰 서더니/신축 아파트 공사장 울타리/머리 처박고 누워/보도블록 침대 삼아/별을 덮고 오밤중인 사내"(「젊은 노동자」 1연) 여기서 "사내"는 현실을 살아가는 타자일 수도 있고, 시인의 얼굴이기도 하다. 정상적이고 실질적인 현실적 삶의 과정이 끝난 뒤, 맞게 되는 또 다른 세상에 대한 무한한 경지의 기대감 내지는 자기 성찰이라 해도 크나큰 무리는 아닐 터이다. "하루 벌어 하루 먹고살아도/뼈가 어그러져도/다만, 밥통 놓을 때까지/무탈한 게 꿈이라면 꿈이다"(「젊은 노동자」 4연), 육체와 외부환경(일터와 노동)과의 상호작용을 통해서 생존 조건의 한계상황에서 벗어나고자 자기 욕구를 적절히 만족시킬 수 있도록 육체의 행위를 조정한다. "올빼미 눈뜨고/이제나저제나 학수고대하는/마누라 안중에도 없이 노숙 중이다"(「젊은 노동자」 5연)에서 처럼 힘든 노동에서 벗어나고자 하는 발로라 할 것이다. 일어서고 싶은 충동 표출의 한 방법으로 내면적 의지를 표출하는, 이를테면 휴식을 찾고 새로운 인생을 기웃거리는 중이므로 가족은 안중에도 두지 않는 노숙의 자유일 뿐인 것이다. 이처럼 화자는 노동의 가치를 통해 마음을 외부의 환경으로부터 적절히 통제한다.

5 나가면서

지금까지 살펴본 안재덕의 시는 흔들리지 않는 희구希求적 삶과 의식 흐름에서 건져 올리는 시 작업을 통해 세상의 이치를 깨닫고 이것을 통해 묘사라는 행동으로 표출하며 시인의 길을 닦고 있다. 그가 사용한 시어는 쉽게 쓰인 듯싶지만, 누구나 불편하지 않은 직관의 언어를 사용함으로 시의 이해에서 독자가 멀어지지 않으려는 노력으로 보인다.

또한 그가 걷는 길은 회상回想적 공간에서 길어 올리는 그에 삶 이상의 의미로 승화되기도 하고 때론 가장 완벽한 삶의 동일 선상에서 파악되기도 하는 자신의 정체正體를 들어낸 것이라 할 것이다. 화자의 환경으로부터 고달픈 삶의 여정과 자아의 갈등을 견디어 내는 단련된 시인의 자세는 현실의식과 현실에 대한 참여의식에서 찾아볼 수 있다 할 것이다.

세상에 짐 아닌 게 없다 -「짐 3」마지막 연